캄보디아어 펜맨십 강좌

캄보디아언어문화연구소
최진희 · 이찬댓 편저

សាខែរភាសាខែរភាសាខែរភាសាខែរភាសាខែរភាសាខែរភាសាខែរភាសាខែរ
សាខែរភាសាខែរភាសាខែរភាសាខែរភាសាខែរភាសាខែរភាសាខែរភាសាខែរ
សាខែរភាសាខែរភាសាខែរភាសាខែរភាសាខែរភាសាខែរភាសាខែរភាសាខែរ
សាខែរភាសាខែរភាសាខែរភាសាខែរភាសាខែរភាសាខែរភាសាខែរភាសាខែរ
សាខែរភាសាខែរភាសាខែរភាសាខែរភាសាខែរភាសាខែរភាសាខែរភាសាខែរ

저 자 최진희

〈약 력〉

- 現 (주)아시안허브 대표
- 現 캄보디아언어문화연구소 소장
- 하와이대학 캄보디아어학과 이수
- 한국국제협력단(KOICA) 20기 (캄보디아 한국어교육)
- 캄보디아 씨엠립 빌브라이트대학 한국어 강의
- 농협중앙회 캄보디아어 통역담당
- 한국외국어대학교 다문화교육원 캄보디아어 통번역 강의
- 방송 영상번역 및 문서 번역 다수
- 기업체 해외파견 임직원 대상 강의 및 주요 행사 수행통역

〈저서〉

- 〈쭘립쑤어 캄보디아 한-영-캄 담어장〉
- 〈쭘립쑤어 기초 캄보디아어〉
- 〈안녕하세요 초급 한국어 캄보디아어판〉
- 활용 캄보디아어 회화

저 자 이찬댓

- 現 캄보디아언어문화연구소 책임연구원
- 연세대학교 한국어학당 이수
- 주한캄보디아대사관 비서 역임
- 한국국제협력단(KOICA) 캄보디아 파견 단원 대상 캄보디아어 강의

〈저서〉

- 활용 캄보디아어 회화

캄보디아어 펜맨십 강좌

초판 인쇄 : 2013년 8월 20일
초판 발행 : 2013년 8월 30일

저　자 : 최진희 · 이찬댓
펴낸이 : 서 덕 일
펴낸곳 : 도서출판 **문예림**
등　록 : 1962. 7. 12 제2-110호

주소 : 서울특별시 광진구 군자동 1-13 문예하우스 101호
전화 : (02)499-1281~2
팩스 : (02)499-1283
http://www.bookmoon.co.kr
E-mail : book1281@hanmail.net

ISBN 978-89-7482-748-9(13790)

＊잘못된 책이나 파본은 교환해 드립니다.

Prolog

 기본적으로 언어를 배우는 순서라면, 읽고 쓰는 것을 배운 후에 문장을 읽히고 단어의 폭을 넓히는 게 순서일 것입니다. 그러나 한국사람들의 캄보디아어에 대한 기대치는 항상 성급한 편입니다. 그래서 저자도 캄보디아어 사전을 먼저 만들어서 사람들의 답답증을 해결하고자 했고 그 다음에 기초 문법책과 회화책이 나왔고, 이제야 펜맨십을 만들게 되었습니다.

 한국사람들에게 캄보디아어를 가르치면서 읽기와 쓰기코스를 무사히 마무리하기가 쉽지않았습니다. 생소한 알파벳이다 보니 시작하는 것도 시간이 많이 걸리고 생각보다 진도가 나가지 않아 어느 순간 읽고 쓰기는 포기하고 말하기만 배우겠다는 사람들이 생겨납니다. 그런데 캄보디아어처럼 생소한 언어는 문자를 모르면 정확한 발음을 하기조차 어렵습니다. 그래서 저자는 항상 캄보디아인에게 정확한 자음과 모음을 습득한 후 언어공부를 시작할 것을 권하고 있습니다.

 이 책이 나온 후에는 동영상 또는 음성파일로 함께 말하면서 공부할 수 있는 시스템을 만들어갈 예정입니다. 자음과 모음을 한 자 한 자 읽혀가면서 캄보디아어 기본글씨 읽고 쓰기를 마친 후 정확한 발음으로 현지인들과 의사소통을 할 수 있게 되시길 바랍니다.

 다양한 이유로 캄보디아어에 도전하는 여러분의 앞날에 행운이 있길 빌며, 2013년 5월부터 캄보디아언어문화연구소는 (주)아시안허브 법인의 첫 번째 프로젝트로 캄보디아 결혼이민자 교육 후 일자리 창출 프로그램을 진행하고 있습니다. 현재 캄보디아언어문화연구소에서는 캄보디아 결혼이민자 강사들이 직접 언어강의를 하고 있으니 상시 문의 바랍니다.

 홈페이지 주소는 www.camkor.org 입니다.

 함께 도서 작업에 참여한 후 책이 발행되기까지 장시간 기다려준 이찬댓 책임연구원 및 교정작업에 참여해준 로스속헹 연구원에게도 감사의 인사를 전합니다.

 감사합니다.

2013년 6월
최 진 희

Contents

1. 캄보디아(크메르)어 역사 • 6
2. 캄보디아(크메르)어의 특징 • 7
3. 캄보디아(크메르)어의 알파벳 • 9
4. 캄보디아(크메르)어 알파벳 따라쓰기 • 14
5. 알파벳의 정서 • 21
6. 글자 쓰는 순서 • 55
7. 낱말 • 67
8. 문장 • 119
9. 숫자 활용 • 124

부록

◆ 캄보디아(크메르)어 기호 및 부호 • 130
◆ 캄보디아관련 추천사이트 • 132

캄보디아어
펜맨십 강좌

សាខ្មែរភាសាខ្មែរភាសាខ្មែរភាសាខ្មែរភាសាខ្មែរភាសាខ្មែរភាសាខ្មែរភាសាខ្មែរ
សាខ្មែរភាសាខ្មែរភាសាខ្មែរភាសាខ្មែរភាសាខ្មែរភាសាខ្មែរភាសាខ្មែរភាសាខ្មែរ
សាខ្មែរភាសាខ្មែរភាសាខ្មែរភាសាខ្មែរភាសាខ្មែរភាសាខ្មែរភាសាខ្មែរភាសាខ្មែរ
សាខ្មែរភាសាខ្មែរភាសាខ្មែរភាសាខ្មែរភាសាខ្មែរភាសាខ្មែរភាសាខ្មែរភាសាខ្មែរ
សាខ្មែរភាសាខ្មែរភាសាខ្មែរភាសាខ្មែរភាសាខ្មែរភាសាខ្មែរភាសាខ្មែរភាសាខ្មែរ

1 캄보디아(크메르)어 역사

    서기 68년 캄보디아에는 푸난 왕조가 건국되었으며 이때 국왕은 인도 남부에서 온 브라만귀족이었다. 그는 고대 캄보디아를 통일하고 국왕이 되었다. 그로 인해 당시에는 정치적 표준어는 산스크리트어, 민간에서는 크메르어가 사용되었다는 설이 있다.
    6세기에 이르러 고대 크메르어가 새겨진 비문이 발견되었는데 이로 인해 당시 집권하고 있던 바하바르만왕을 캄보디아 역사상 크메르 문자의 창시자로 보고 있다.
    근대 14세기를 거치면서 고대 크메르 문자가 탄생한 이래 지금까지 사용되는 크메르어는 큰 차이를 보이고 있다. 프랑스 학자인 조지 마스페로의 저서인 〈크메르어 어법〉에서도 알 수 있듯이 고대부터 지금까지 크메르 문자는 모두 10차례 문자개혁이 진행되었다. 천 년이라는 긴 세월 동안 고대 크메르 문자는 자생적 발전 변화 외에 범어, 발리어, 불어 등 외국어의 영향을 받았으며 이때 그 어휘는 더욱 풍부해졌다.
    캄보디아의 학자에 따르면 크메르어는 1945년 이후 새로운 변화를 맞이하게 되었다. 서방국가의 언어 영향을 받은 후 대량의 신조어와 가차자가 생겨났고 과거에 쓰이던 단어가 새로운 의미를 가지게 되었다.
    캄보디아어에서 꼭 알아야 할 문자 : 발리어
    고대 인도의 아어(雅語)이자 교양어였던 산스크리트어에 대해 발리어는 속어, 방언인 라크리트에 속하는 것이다. 산스크리트어에 비해 음운론적, 형태론적으로 단순화된 경향을 나타내며 다양한 요소가 뒤섞여서 그 기본이 된 언어를 특정 짓기가 어렵다. 아소카왕 비문에 보이는 BC3세기의 방언 분포에 따르면 그것은 서부 인도 방언에 가깝지만 동부 마가다어 특징도 갖추어 부분적으로 뒤섞이어 인위적으로 만들어진 듯한 흔적도 보인다. BC 2세기 이후에는 동남아시아로 퍼져 불경을 기록하는 문장어가 되었고 불교교리, 불교문학에 관한 수많은 문헌을 가지게 되었다. 원시 불교경전 및 스리랑카, 미얀마, 타이 등 동남아시아의 남방소승불교권에서는 오늘날에도 여전히 성전어로써의 권위를 지니고 있다. 원래는 '성전본문'을 뜻하여 주석서에 대칭되는 개념이었는데, '성전본문의 언어'라는 뜻으로 바뀌어 쓰이게 되었다. 여기에서 성전이란 원시 불교의 성전을 가리킨다.

2 캄보디아(크메르)어의 특징

　수년째 한국인이 외국인 관광객 No.1의 자리를 차지하고 있는 나라 캄보디아. 캄보디아의 공용어는 캄보디아어 또는 크메르어라 부른다. 캄보디아 국내는 물론, 이웃 나라의 국경 부근에 사는 사람들에 의해서도 사용되고 있다.

　크메르어는 「몬·크메르족」에 속하고 있고, 그 어원은 인도의 문화, 종교와 함께 전해진 발리어, 고대 인도의 문장, 단어로부터의 영향을 받아 그것을 수정하여 사용했다고 전해진다.

　크메르어에는 그 차용어가 많이 있고, 앙코르 왓이나 이웃 나라에 있는 크메르 유적에는 고대 크메르어로 쓰여진 비문도 볼 수 있다.

　그 밖에도 어휘를 타이어로부터 차용 한 형태를 볼 수 있는데 타이와 크메르는 이웃 나라이기도 하고 말의 접촉이 많았기 때문에 어느 쪽이 차용한 것인가 불분명한 어휘도 있다.

　크메르어는 처음 문자를 보거나 이야기를 들었을 때 전혀 이해할 수 없는 언어라는 생각이 들지 모르지만, 기본을 이해해 버리면 아주 간단한 언어 중 하나이다. 특히 한글과의 언어적 유사성을 가지고 있어서 한국인들이 배우기 좋은 단어라 말할 수 있다.

　먼저 크메르어는 한글과 같이 초성(자음), 중성(모음), 종성(받침)의 3개 음소 구조로 이루어져 있으며 음소끼리의 조합으로 음과 음절을 만들어 낸다.

　또한 크메르어는 한글과 같이 자음과 모음이 한눈에 구분된다. 캄보디아의 모음은 한글과 같이 모음의 성격이 구분되기도 한다.

크메르어는 한글과 마찬가지로 모음에 성조가 없어서 모음의 장단, 강약으로 구분을 해야 한다. 각 모음에는 일정한 고유의 음과 길이가 있다.

이렇게 한글과 유사한 크메르어의 가장 큰 차이점이라면 어순이다. 크메르어의 기본적인 어순은 「주어+형용사」「주어+동사」「주어+동사+목적어」로 이 안에서 결정된 순서대로 단어 나열만 해도 문장이 완성된다.

크메르어가 배우기 쉽다는 것은 한글과는 달리 표현이 간결하고 직설적인 것이 많기 때문이다.

몇 가지 기본 원칙만 알면 단기간 안에 일상 의사소통이 가능한 언어, 편안한 마음으로 도전해 보기 바란다.

그럼 크메르어 알파벳 쓰기 연습과 함께 기본 크메르어를 읽혀보도록 하자.

3 캄보디아(크메르)어의 알파벳

(1) 자음

ក	ខ	គ	ឃ	ង
꺼	커	꼬	코	응오
ច	ឆ	ជ	ឈ	ញ
쩌	처	쪼	초	뇨
ដ	ឋ	ឌ	ឍ	ណ
더	터	도	토	너
ត	ថ	ទ	ធ	ន
떠	터	또	토	노
ប	ផ	ព	ភ	ម
버	퍼	뽀	포	모
យ	រ	ល	វ	
요	르오	로	워	
ស	ហ	ឡ	អ	
써	허	러	어	

9

(2) 받침

០ក	០ខ	០គ	០ឃ	០ង
꺼	커	꼬	코	응오

០ច	០ឆ	០ជ	០ឈ	០ញ
쩌	처	쪼	초	뇨

០ដ	០ឋ	០ឌ	០ឍ	០ណ
더	터	도	토	너

០ត	០ថ	០ទ	០ធ	០ន
떠	터	또	토	노

០ប	០ផ	០ព	០ភ	០ម
버	퍼	뽀	포	모

០យ	០រ	០ល	០វ
요	르오	르	워

០ឞ	០ហ	០ឡ	០អ
써	허	러	어

(3) 모음

ា	ិ	ី	ឹ	ឺ
아/이어	에/이	아이/이	어/으	어으/으-

ុ	ូ	ួ	ើ	ឿ
오/우	오으/우	우어/우어	아으/어으	으어/으어

ៀ	េ	ែ	ៃ	ោ
이어/이어	에/이	아에/에	아이/에이	아오/오우

ៅ	ុំ	ំ	ាំ	ះ
아으/어으	옴/움	엄/오옴	암/오암	아ㅎ/에아ㅎ

ុះ	េះ	ោះ
오ㅎ/우ㅎ	에ㅎ/이ㅎ	어ㅎ/우어ㅎ

11

(4) 캄보디아어 이중모음

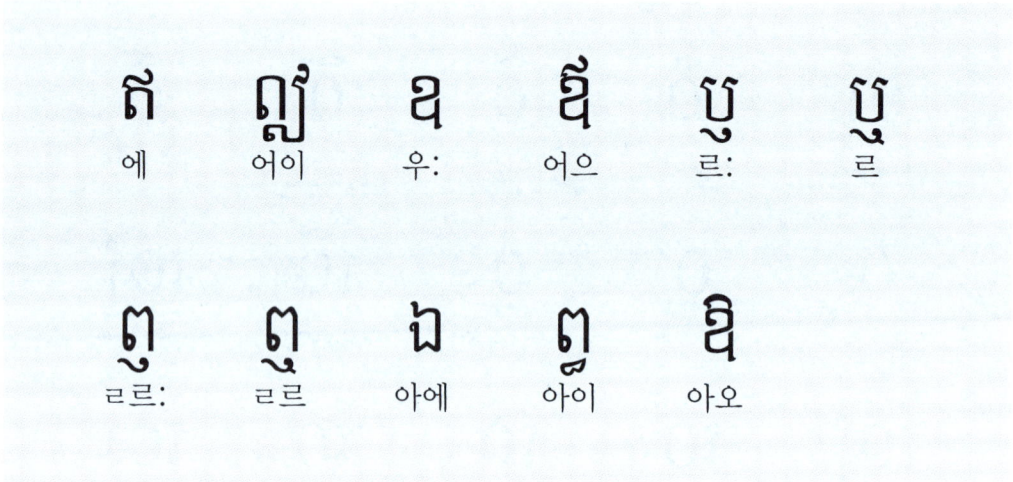

3. 캄보디아(크메르)어의 알파벳

* 자음에는 1그룹과 2그룹 사이에 같은 음가를 가진 짝이 있다.

발음	제1그룹	제2그룹
꺼/꼬	ក	គ
커/코	ខ	ឃ
쩌/쪼	ច	ជ
처/초	ឆ	ឈ
더/도	ដ	ឌ
터/토	ឋ	ឍ
떠/또	ត	ទ
터/토	ថ	ធ
뻐/뽀	ប	ព
퍼/뽀	ផ	ភ
버/보	ប	ប៊
써/쏘	ស	ស៊
허/호	ហ	ហ៊
어/오	អ	អ៊
응어/응오	ង៉	ង
녀/뇨	ញ៉	ញ
너/노	ណ	ន
머/모	ម៉	ម
여	យ៉	យ
러(r)/로(r)	រ៉	រ
워	វ៉	វ
러(l)/로(l)	ឡ	ល

4 캄보디아(크메르)어 알파벳 따라쓰기

(1) 자음

기본서체	따라쓰기	명칭	발음
ក			꺼
ខ			커
គ			꼬
ឃ			코
ង			응오
ច			쩌

4. 캄보디아(크메르)어 알파벳 따라쓰기

ឆ	ឆ្ន		처
ជ	ជ្ជ		쪼
ឈ	ឈ្ន		초
ញ	ញ្ញ		뇨
ដ	ដ្ឋ		더
ឋ	ឋ		터
ឌ	ឌ		도
ឍ	ឍ		토
ណ	ណ្ឋ		너
ត	ត្ត		떠

15

ថើ	ថើ		터
ទុ	ទុ		또
ធើ	ធើ		토
នុ	នុ		노
បើ	បើ		버
ផើ	ផើ		퍼
ពោ	ពោ		뽀
ភោ	ភោ		포
ម៉ុ	ម៉ុ		모
យោ	យោ		요

រ៉ូ	រ៉ូ		르오
ល	ល		로
រ៉ូ	រ៉ូ		워
ស៊	ស៊		써
ហ	ហ		허
ឡ	ឡ		러
អ	អ		어

(2) 모음

기본서체	따라쓰기	명칭	발음
ᎠᎠ	ᎠᎠ		아
			에
			아이
			어
			어으
			오
			오으
			우어

4. 캄보디아(크메르)어 알파벳 따라쓰기

ឱ	ឱ		아으
ឰ	ឰ		으어
ឯ	ឯ		이어
ឯ	ឯ		에
ឰ	ឰ		아에
ឫ	ឫ		아이
ឱ	ឱ		아오
ឳ	ឳ		아으
ុំ	ុំ		옴
ំ	ំ		엄

19

				암
				아ㅎ
				오ㅎ
				에ㅎ
				어ㅎ

5 알파벳의 정서

＊ 캄보디아어는 33개의 자음이 있다.

캄보디아어 자음은 받침으로 쓰일 때 문자가 변형된다. 따라서 자음과 받침을 동시에 외워야 하나의 단어를 만들 수 있다.

캄보디어 자음은 두 그룹으로 나뉜다. 보이지 않는 모음이 가벼운 소리를 가져오는 1그룹(어 그룹)과 보이지 않는 모음이 무거운 소리를 가져오는 2그룹(오 그룹)이 있다.

＊ 캄보디아어는 23개의 모음이 있다.

모음은 어느 그룹의 자음과 만나느냐에 따라 음가가 바뀐다. 따라서 1그룹(어 그룹)과 만났을 때는 앞에 있는 음가가, 2그룹(오 그룹)과 만났을 때는 뒤에 있는 음가가 사용된다.

캄보디아어 펜맨십 강좌

5. 알파벳의 정서

캄보디아어 펜맨십 강좌

24

5. 알파벳의 정서

25

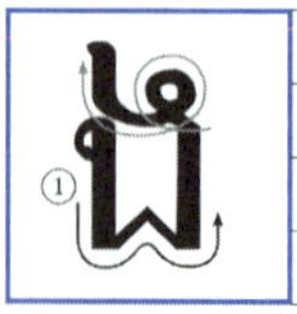

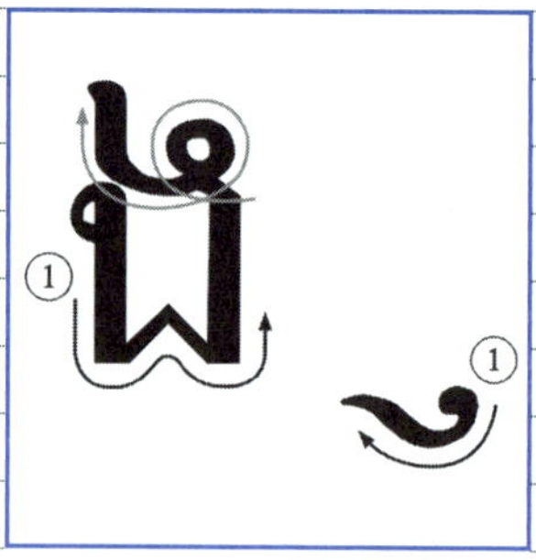

5. 알파벳의 정서

캄보디아어 펜맨십 강좌

5. 알파벳의 정서

ឈ្យ

5. 알파벳의 정서

ឃី

5. 알파벳의 정서

캄보디아어 펜맨십 강좌

5. 알파벳의 정서

ឈ្យ

ឈ្យា

ເພາ

ເພາ
ເພາ

5. 알파벳의 정서

캄보디아어 펜맨십 강좌

5. 알파벳의 정서

캄보디아어 펜맨십 강좌

5. 알파벳의 정서

ឮ ឰ

5. 알파벳의 정서

캄보디아어 펜맨십 강좌

5. 알파벳의 정서

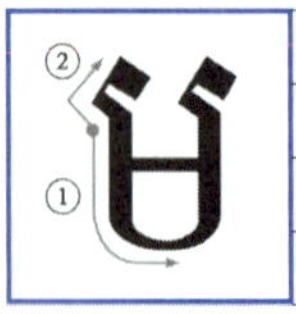
②
①

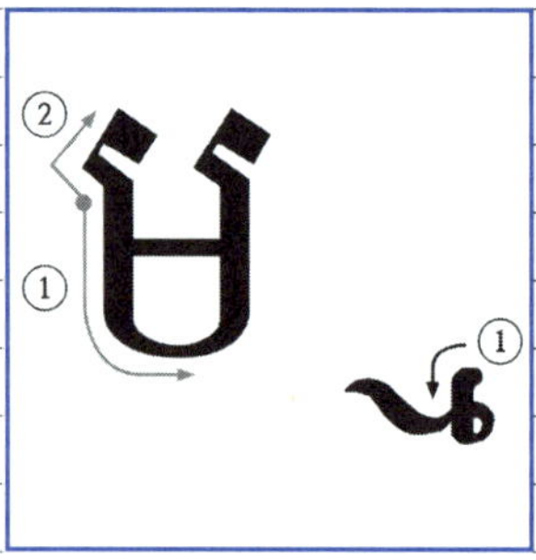
②
①
①

5. 알파벳의 정서

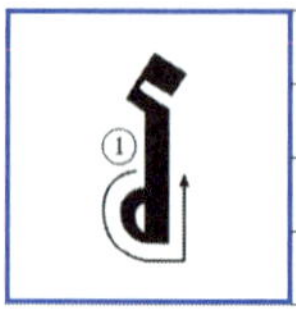

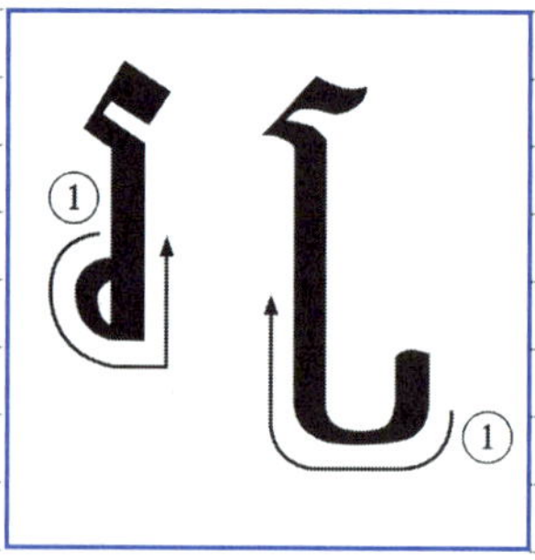

5. 알파벳의 정서

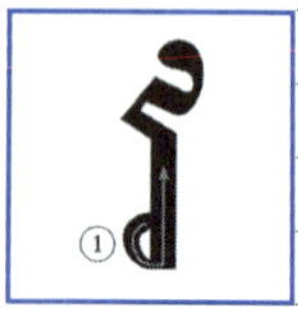
①

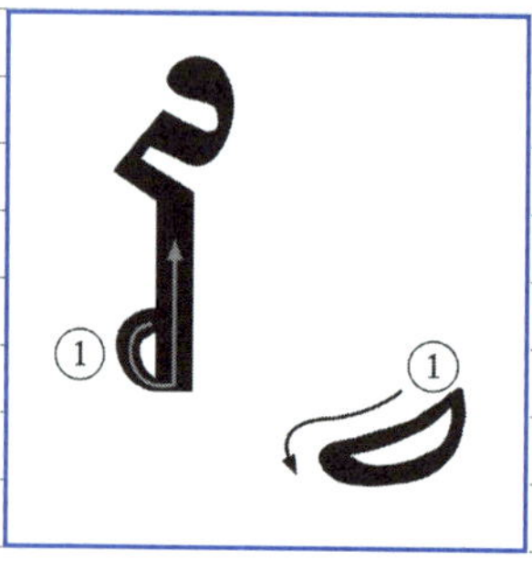
①
①

5. 알파벳의 정서

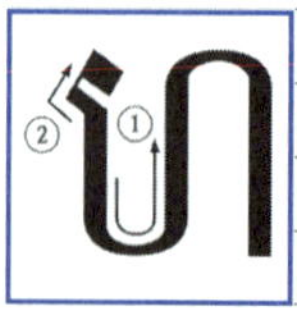
②
①

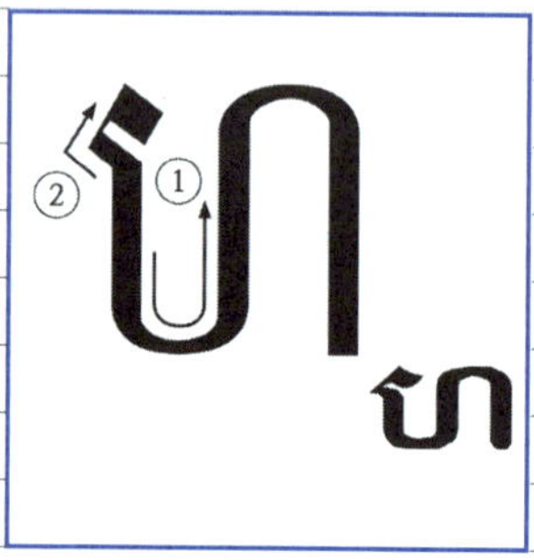
②
①

5. 알파벳의 정서

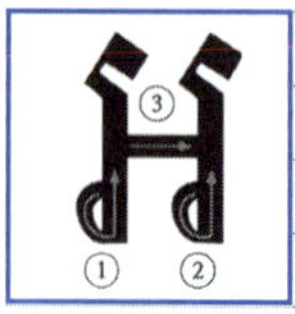
③
① ②

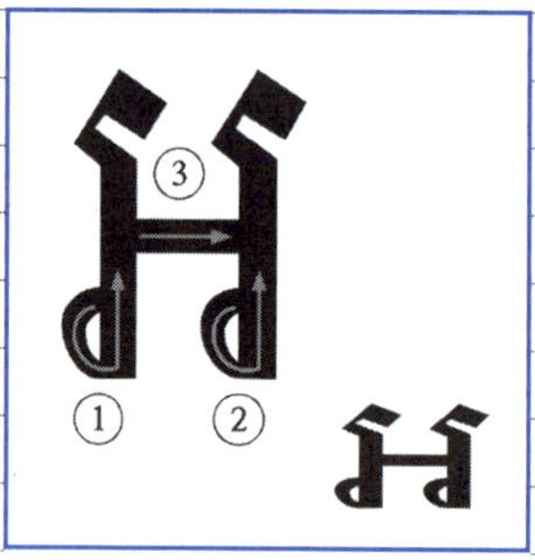
③
① ②

6글자 쓰는 순서

1. 자음 하나만으로도 단어가 성립되는 경우

ក៏ [꺼] 목

គ៏ [떠] 더, 계속

ខ [커] 캄보디아 음식 종류

자음+모음으로 단어가 성립되는 경우 자음을 먼저 쓰고 모음을 쓴다.

1) 모음이 오른쪽에 오는 경우

កា [까] 컵

កា = ក + ា

តា [따] 나이 드신 어른, 할아버지

តា = ត + ា

ថា [타] ~말하기를

ថា = ថ + ា

자음+모음으로 단어가 성립되는 경우; 자음을 먼저 쓰고 모음을 쓴다.

2) 모음이 상단에 오는 경우

ដី [다이] 지구, 땅, 육지

គី [꺼이] 베틀

ស៊ី [싸이] 한국의 제기와 같은 캄보디아 놀이

자음+모음으로 단어가 성립되는 경우에는 자음을 먼저 쓰고 모음을 쓴다.

2) 모음이 왼쪽과 상단으로 이중 구성된 경우

ដើរ [다으] 걷다 (ិ 는 묵음)

ដើរ = ដ + េ + ី + រ

ហើរ [하으] 날다

ហើរ = ហ + េ + ី

6. 글자 쓰는 순서

자음+모음+자음으로 단어가 성립되는 경우에는 자음, 모음, 자음 순서대로 쓴다.

ឡាន [란] 차(자가용)

ឡាន = ឡ + ា + ន

ផឹក [퍽] (~을)마시다

ផឹក = ផ + ឹ + ក

자음+자음+모음+자음으로 단어가 성립되는 경우에도 자음, 자음, 모음, 자음 순서대로 쓴다.

ស្លាប់ [슬랍] 죽다

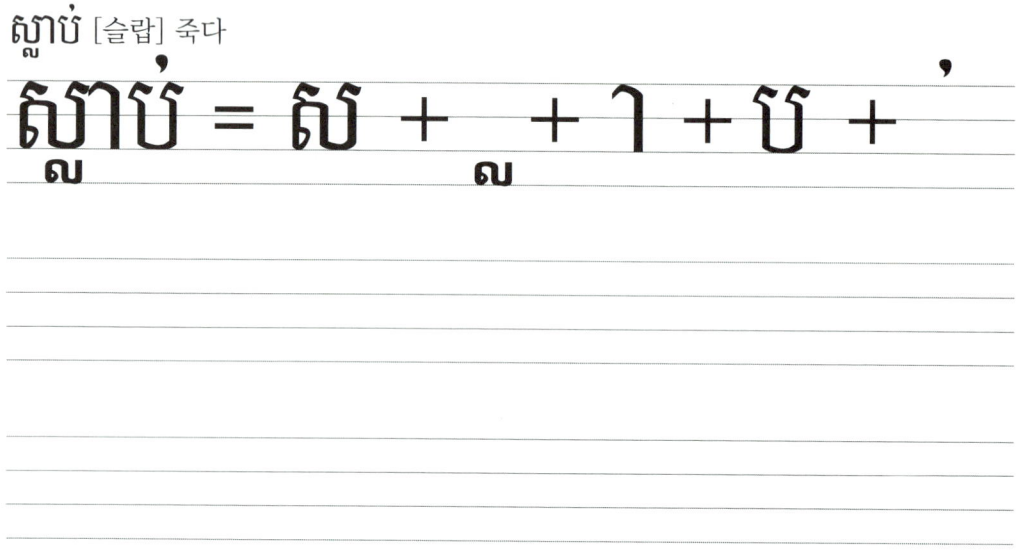

ឆ្លាត [츨라앗] 똑똑하다

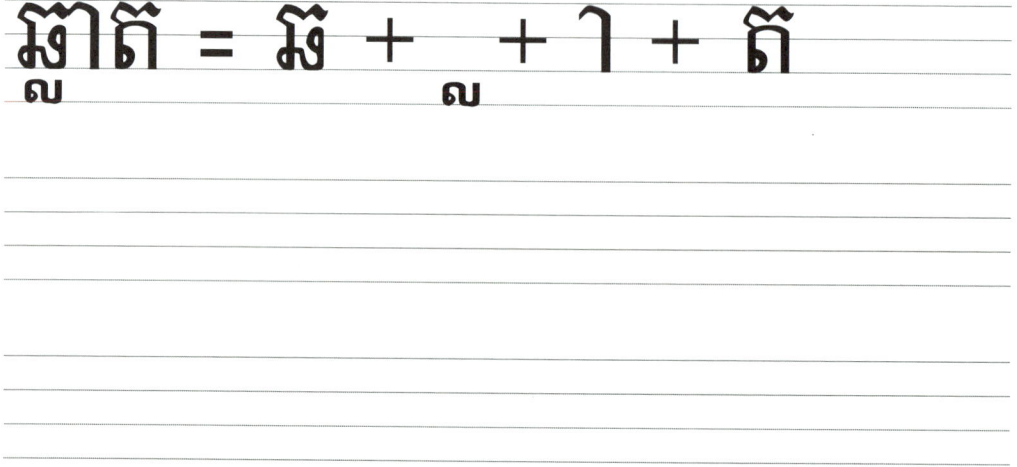

2. 이중모음

  캄보디아에는 23개의 모음 이외에도 11개의 이중모음이 있다. 이중모음은 일반모음과는 달리 자음과의 결합 없이 독립적으로 사용돼서 독립모음이라고도 불린다.

ត [에]

ញ៉ី [어이]

ឩ [우:]

ខឺ [어으]

ឫ [르:]

ឫ [르]

ឬ [르르:]

6. 글자 쓰는 순서

ឫ [르르]

ឫ

ឯ [아에]

ឯ

ឰ [아이]

ឰ

ឩ [아오]

ឩ

3. 숫자 លេខ [레잇]

　캄보디아에서는 아라비아 숫자도 많이 사용하지만, 문서 등에는 꼭 캄보디아 숫자가 들어간다. 캄보디아 숫자는 오진법이기에 다소 외우기가 쉬운 편이다.

១ [មួយ 모이] 1

១

២ [ពីរ 삐] 2

២

៣ [បី 바이]3

៣

6. 글자 쓰는 순서

៤ [បួន 부운] 4

៤

៥ [ប្រាំ 쁘람] 5

៥

៦ [ប្រាំមួយ 쁘람모이] 6

៦

៧ [ប្រាំពីរ 쁘람뻬-] 7

៧

៨ [ប្រាំបី 쁘람바이] 8

៨

៩ [ប្រាំបួន 쁘람부운] 9

៩

១0 [ដប់ 덥] 10

៩

7 낱말 ៣ ក្សេរ[삐억]

청색 [뽀아키어우] ពណ៌ខៀវ

ពណ៌ខៀវ = ព ណ ិ៍ ខ ៀ វ ....

ពណ៌ខៀវ ....

ពណ៌ខៀវ ....

ពណ៌ខៀវ ....

마지막 [쫑끄라우이] ចុងក្រោយ

ចុងក្រោយ = ច ុ ង ក្រ ោ យ ....

ចុងក្រោយ ....

ចុងក្រោយ ....

ចុងក្រោយ ....

안정된, 얌전한   [쓰왔띠피업]   សុវត្ថិភាព

សុវត្ថិភាព = ស ុ វ ត ្ថ ិ ភ ា ព ....

សុវត្ថិភាព ....

សុវត្ថិភាព ....

하늘   [메이]   មេឃ

មេឃ = ម េ ឃ ....

មេឃ ....

មេឃ ....

부엌   [쩡끄란바이]   ចង្ក្រានបាយ

ចង្ក្រានបាយ = ច ង ្ក ្រ ា ន ប ា យ ....

ចង្ក្រានបាយ ....

ចង្ក្រានបាយ ....

7. 낱말

신사(복수형)　　　[네악떵엇끄네이]　　អ្នកទាំងអស់គ្នា

អ្នកទាំងអស់គ្នា = អ ្ន ក ទ ាំ ង អ ស់ គ

្ន ា ....

អ្នកទាំងអស់គ្នា ....

អ្នកទាំងអស់គ្នា ....

선생님　　　　　　[끄루봉리은]　　　　គ្រូបង្រៀន

គ្រូបង្រៀន = គ ្រ ូ ប ង ្រ ៀ ន ....

គ្រូបង្រៀន ....

គ្រូបង្រៀន ....

가지고오다　　　　[노암역목]　　　　នាំយកមក

នាំយកមក = ន ាំ យ ក ម ក ....

នាំយកមក ....

នាំយកមក ....

천천히   [여읏]   យឺត

យឺត = យ $\overset{\circ}{ }$ ត ....

យឺត ....

យឺត ....

거울   [껀쩍]   កញ្ចក់

កញ្ចក់ = ក ញ្ច ក ់ ....

កញ្ចក់ ....

កញ្ចក់ ....

바보스러운   [뚜츠꾸엇]   ដូចឆ្កួត

ដូចឆ្កួត = ដ ូ ច ឆ ្ក ួ ត ....

ដូចឆ្កួត ....

ដូចឆ្កួត ....

7. 낱말

버스　　　　　[란끄롱]　　　　ឡានក្រុង

ឡានក្រុង = ឡ ា ន ក្រ ុ ង ....

ឡានក្រុង..

ឡានក្រុង..

사무실, 연구실, 행정　[까리야라이]　ការិយាល័យ

ការិយាល័យ = ក ា រ ិ យ ា ល ័ យ ....

ការិយាល័យ..

ការិយាល័យ..

예절　　　　　[까업룸]　　　　ការអប់រំ

ការអប់រំ = ក ា រ អ ប ់ រ ំ ....

ការអប់រំ...

ការអប់រំ...

존경하는 [쭌짬뽀어] ជូនចំពោះ

ជូនចំពោះ = ជ ូ ន ច ំ ព ោះ ....

ជូនចំពោះ..

ជូនចំពោះ..

이사 [까롯러으] ការរុះរើស

ការរុះរើស = ក ា រ រ ុះ រ ើ ស ....

ការរុះរើស..

ការរុះរើស..

개인 [프떨클루언] ផ្ទាល់ខ្លួន

ផ្ទាល់ខ្លួន = ផ ្ទ ា ល ់ ខ ្ល ួ ន ....

ផ្ទាល់ខ្លួន..

ផ្ទាល់ខ្លួន..

7. 낱말

원천의, 기수의 [쁘러펍] ប្រភព

ប្រភព = ប្រ ភ ព ....
ប្រភព..
ប្រភព..

수(복수형) [썹퍼넴] សព្វនាម

សព្វនាម = ស ព្វ ន ា ម ....
សព្វនាម ....
សព្វនាម ....

대부분 [페잇쯔라안] ភាគច្រើន

ភាគច្រើន = ភ ា គ ច្រ ើ ន ....
ភាគច្រើន..
ភាគច្រើន..

빠지다, 떨어지다 [틀레악쪼h]   ធ្លាក់ចុះ

ធ្លាក់ចុះ = ធ ្ល ា ក ់ ច ុះ ....

ធ្លាក់ចុះ ....

ធ្លាក់ចុះ ....

적어도, 최소한 [띡끄다이]   តិចក្ដី

តិចក្ដី = ត ិ ច ក ្ដ ី ....

តិចក្ដី ....

តិចក្ដី ....

비록…일지라도 [뚜어h바이찌어]   ទោះបីជា

ទោះបីជា = ទ ោះ ប ី ជ ា ....

ទោះបីជា ....

ទោះបីជា ....

7. 낱 말

| 그러나 | [쁜따에] | ប៉ុន្តែ |

ប៉ុន្តែ = ប ៉ ុ ន តែ ្ ....
ប៉ុន្តែ..
ប៉ុន្តែ..

| 선택, 선거 | [쫌라엇] | ជម្រើស |

ជម្រើស = ជ ំ រ ើ ស ....
ជម្រើស..
ជម្រើស..

| 다양함, 종류 | [쁘러페잇] | ប្រភេទ |

ប្រភេទ = ប្រ ប ភេ ភ ទ ....
ប្រភេទ..
ប្រភេទ..

75

크메르 [크마에] ខ្មែរ

ខ្មែរ = ខែ ខ ុំ រ ....

ខ្មែរ..

ខ្មែរ..

용건, 이유 [물러헷] មូលហេតុ

មូលហេតុ = ម ូ ល ហេ ត ុ ....

មូលហេតុ..

មូលហេតុ..

짐꾼 [깐에이완] កាន់តវ៉ាន់

កាន់តវ៉ាន់ = ក ា ន ់ ត វ ៉ា ន ់ ....

កាន់តវ៉ាន់..

កាន់តវ៉ាន់..

7. 낱말

| 시장 | [프싸] | ផ្សារ |

ផ្សារ = ផ ្ ស ា រ ....

ផ្សារ..

ផ្សារ..

| (스포츠)클럽 | [끌럽] | ក្លឹបកីឡា |

ក្លឹបកីឡា = ក ្ ល ឹ ប ក ី ឡ ា ....

ក្លឹបកីឡា..

ក្លឹបកីឡា..

| 작은 정원 | [쑤운또잇] | សួនតូច |

សួនតូច = ស ួ ន ត ូ ច ....

សួនតូច..

សួនតូច..

마침내 [쁜쩝] បញ្ចប់

បញ្ចប់ = ប ញ ្ច ប ់ ....

បញ្ចប់...

បញ្ចប់...

현명한, 지혜로운 [빤냐] បញ្ញា

បញ្ញា = ប ញ ្ញ ា ....

បញ្ញា...

បញ្ញា...

학과, 부분 [프네익] ផ្នែក

ផ្នែក = ែ ផ ្ន ក ....

ផ្នែក...

ផ្នែក...

7. 낱말

집다, 데리고 가다 [넘욕떠으] នាំយកទៅ

នាំយកទៅ = ន␣ាំ␣យ␣ក␣ទ␣ៅ ....
នាំយកទៅ..
នាំយកទៅ..

쌀 [쓰러우] ស្រូវ

ស្រូវ = ្រ␣ស␣ូ␣វ ....
ស្រូវ..
ស្រូវ..

고속도로, 큰길 [플러으톰] ផ្លូវធំ

ផ្លូវធំ = ផ␣្ល␣ូ␣វ␣ធ␣ំ ....
ផ្លូវធំ..
ផ្លូវធំ..

그릇, 접시 [짠] ចាន

ចាន = ច ា ន ....

ចាន ....

ចាន ....

…후에, 나중에 [뻔또압먹] ...បន្ទាប់មក

...បន្ទាប់មក = ប ន ្ទ ា ប ់ ម ក ....

...បន្ទាប់មក ....

...បន្ទាប់មក ....

즉시, 즉각 [플레임플레임] ភ្លាមៗ

ភ្លាមៗ = ភ ្ល ា ម ៗ ....

ភ្លាមៗ ....

ភ្លាមៗ ....

7. នាំ មាល់

| 수풀, 덤풀 | [쁘라이처으] | ព្រៃឈើ |

ព្រៃឈើ = ព្រៃ ឈើ ព ឈ ើ ....
ព្រៃឈើ ....
ព្រៃឈើ ....

| 봄 | [러더으프까릭] | រដូវផ្ការីក |

រដូវផ្ការីក = រ ដូ វ ផ្ក ា រ ី ក...
រដូវផ្ការីក ....
រដូវផ្ការីក ....

| 개선, 회복 | [반먹윈] | បានមកវិញ |

បានមកវិញ = ប ា ន ម ក វ ិ ញ ....
បានមកវិញ..
បានមកវិញ..

81

(잠에서)깨다 [프넥] ភ្ញាក់

ភ្ញាក់ = ភ ្ញ ា ក ់ ....

ភ្ញាក់ ....

ភ្ញាក់ ....

가치가 없는, 소용없는 [믄쁘라바랏] មិនប្រើប្រាស់

មិនប្រើប្រាស់ = ម ិ ន ប្រ ើ ប្រ ា ស ់ ....

មិនប្រើប្រាស់ ....

មិនប្រើប្រាស់ ....

코 [쯔러머h] ច្រមុះ

ច្រមុះ = ច្រ ម ុះ ....

ច្រមុះ ....

ច្រមុះ ....

7. 낱 말

천, 옷감   [끄러낫]   ក្រណាត់

ក្រណាត់ = ក្រ ក ណា ត ់ ....

ក្រណាត់ ....

ក្រណាត់ ....

요리하다, 익히다   [점인아하]   ចំអិនអាហារ

ចំអិនអាហារ = ច ំ អ ិ ន អា ហា រ

ចំអិនអាហារ ....

ចំអិនអាហារ ....

흩어진, 분산된   [펑레이]   ពង្រាយ

ពង្រាយ = ព ង្រ ា យ ....

ពង្រាយ ....

ពង្រាយ ....

새 [쌋짭] សត្វចាប

សត្វចាប = ស ត ្ត ច ា ប ....

សត្វចាប ....

សត្វចាប ....

우체국 [쁙쁘레이써니] ប៉ុស្តិ៍ប្រៃសនីយ៍

ប៉ុស្តិ៍ប្រៃសនីយ៍ = ប ុ ៉ ស ្ត ិ ៍ ប ្រ ៃ ស ន ី យ ៍ ....

ប៉ុស្តិ៍ប្រៃសនីយ៍ ....

ប៉ុស្តិ៍ប្រៃសនីយ៍ ....

창문 [벙우읻] បង្អួច

បង្អួច = ប ង ្អ ួ ច ....

បង្អួច ....

បង្អួច ....

7. 낱말

치즈 [쁘루마] ប្រូម៉ា

ប្រូម៉ា = ប្រ ប ូ ម ៉ ា ....

ប្រូម៉ា..

ប្រូម៉ា..

웃옷, 셔츠 [아으] អាវ

អាវ = អ ា វ ....

អាវ..

អាវ..

여름 [러더으끄따으] រដូវក្តៅ

រដូវក្តៅ = រ ដ ូ វ ក ្ត ៅ ....

រដូវក្តៅ..

រដូវក្តៅ..

역사, 날짜 [깔빠리짓] កាលបរិច្ឆទ

កាលបរិច្ឆទ = ក ា ល ប រ ិ ច្ឆ ទ ....

កាលបរិច្ឆទ..

កាលបរិច្ឆទ..

두려워하다 [퍼아이클라] ភ័យខ្លាច

ភ័យខ្លាច = ភ ័ យ ខ ្ល ា ច ....

ភ័យខ្លាច..

ភ័យខ្លាច..

감사하다 [어꾼] អរគុណ

អរគុណ = អ រ គ ុ ណ ....

អរគុណ..

អរគុណ..

7. 낱말

장면, 그림, 사진, 삽화 [룹피읍] រូបភាព

រូបភាព = រ ូ ភ ា ព ....

រូបភាព..

រូបភាព..

모두, 전부 [떼앙아] ទាំងអស់

ទាំងអស់ = ទ ាំ ង អ ស ់ ....

ទាំងអស់..

ទាំងអស់..

게으른 [크쩔] ខ្ជិល

ខ្ជិល = ខ ្ជ ិ ល ....

ខ្ជិល..

ខ្ជិល..

돈이 많은, 부자 　　　　[네악미은] 　　　　អ្នកមាន

អ្នកមាន = អ ្ន ក ម ា ន ....

អ្នកមាន..

អ្នកមាន..

길, 거리 　　　　[플러으] 　　　　ផ្លូវ

ផ្លូវ = ផ ្ល ូ វ ....

ផ្លូវ..

ផ្លូវ..

재미있는 　　　　[쩜납아럼] 　　　　ចំណាប់អារម្មណ៍

ចំណាប់អារម្មណ៍ = ច ំ ណ ា ប់ អា រ

　　　　　　ម ្ម ណ៍ ....

ចំណាប់អារម្មណ៍...

ចំណាប់អារម្មណ៍...

7. 낱말

짝, 켤레 [꾸] គូ

គូ = ត ូ ....
គូ ....
គូ ....

금요일 [퉁아이쏙] ថ្ងៃសុក្រ

ថ្ងៃសុក្រ = ថៃ ថ ូ ស ុ ្រ ក ....
ថ្ងៃសុក្រ ....
ថ្ងៃសុក្រ ....

젊은, 젊은이 [와이끄멩] វ័យក្មេង

វ័យក្មេង = វ ័ យ េក ម ុ ង ....
វ័យក្មេង ....
វ័យក្មេង ....

89

(캄보디아음식) 꺼꼬 [썸러꺼꼬]   សម្លកកូរ

សម្លកកូរ = ស ម ្ល ក ក ូ រ ....

សម្លកកូរ..

សម្លកកូរ..

포크 [써엄]   សម

សម = ស ម ....

សម ....

សម ....

나무, 재목, 막대기 [처으]   ឈើ

ឈើ = ឈ ើ ....

ឈើ ....

ឈើ ....

7. 낱 말

| 열기 | [껌더으] | កំដៅ |

កំដៅ = ក ំ ដ ៅ ....

កំដៅ ....

កំដៅ ....

| 출석한, 참석한 | [쫄루엄] | ចូលរួម |

ចូលរួម = ច ូ ល រ ួ ម ....

ចូលរួម ....

ចូលរួម ....

| 외국의, 밖의 | [끄라으] | ក្រៅ |

ក្រៅ = ក្រ ក ៅ ....

ក្រៅ ....

ក្រៅ ....

91

| 신 | [쁘레아] | ព្រះ |

ព្រះ = ព្រ ព ះ ....

ព្រះ..

ព្រះ..

| 피로한 | [헛느이] | ហត់នឿយ |

ហត់នឿយ = ហ ត ់ ន នឿ យ ....

ហត់នឿយ..

ហត់នឿយ..

| 웃다 | [싸으잇] | សើច |

សើច = ស សើ ច ....

សើច..

សើច..

7. 낱 말

언니, 누나, 여동생   [벙쓰라이]   បងស្រី

បងស្រី = ប ង ស្រ ី ....

បងស្រី ....

បងស្រី ....

기쁜, 즐거운   [써바이쩟]   សប្បាយចិត្ត

សប្បាយចិត្ត = ស ប ្ប ា យ ច ិ ត ្ត ....

សប្បាយចិត្ត ....

សប្បាយចិត្ត ....

안의, 국내의   [끄농]   ក្នុង

ក្នុង = ក ្ន ុ ង ....

ក្នុង ....

ក្នុង ....

가지고 있다 [노암역] នាំយក

នាំយក = ន ាំ យ ក ....

នាំយក ....

នាំយក ....

대학생 [니씻] និស្សិត

និស្សិត = ន ិ ស ិ ្ស ត ....

និស្សិត ....

និស្សិត ....

딸, 소녀, 처녀 [꼰쓰라이] កូនស្រី

កូនស្រី = ក ូ ន ្រ ស ី ....

កូនស្រី ....

កូនស្រី ....

7. 낱말

🌱 나무　　　　　[다음쩌으]　　　　ដើមឈើ

ដើមឈើ = ដ ើ ម ឈ ើ ....

ដើមឈើ ....

ដើមឈើ ....

🌱 정확한, 맞는　　　[뜨럼뜨러으]　　　ត្រឹមត្រូវ

ត្រឹមត្រូវ = ្រ ត ឹ ម ្រ ត ូ វ ....

ត្រឹមត្រូវ ....

ត្រឹមត្រូវ ....

🌱 호수　　　　　　[쁘엉]　　　　　　បឹង

បឹង = ប ឹ ង ....

បឹង ....

បឹង ....

공책, 사무실   [씨으퍼으쎄쎄이]   សៀវភៅសរសេរ

សៀវភៅសរសេរ = ស ៀេ វ ភ ៅេ ស រ

               ៅេ ស រ ....

សៀវភៅសរសេរ ....

សៀវភៅសរសេរ ....

약   [트남]   ថ្នាំ

ថ្នាំ = ថ ្ន ាំ ....

ថ្នាំ ....

ថ្នាំ ....

친구   [멋페악]   មិត្តភ័ក្ត្រ

មិត្តភ័ក្ត្រ = ម ិ ត ្ត ភ ័ ្រ ក ្ត ....

មិត្តភ័ក្ត្រ ....

មិត្តភ័ក្ត្រ ....

7. 낱말

입 [모앗] មាត់

មាត់ = ម ០ា ត ់ ....

មាត់..

មាត់..

어제 [머썰민] ម្សិលមុិញ

ម្សិលមុិញ = ម ិ ០្ស ល ម ិ ០ុ ញ ....

ម្សិលមុិញ..

ម្សិលមុិញ..

안내인, 안내판 [네악네이노암] អ្នកណែនាំ

អ្នកណែនាំ = អ ០្ន ក ០ែ ណ ន ០ាំ ....

អ្នកណែនាំ..

អ្នកណែនាំ..

강 [똔레] ទន្លេ

ទន្លេ = ទ ោ ន ្ល ....

ទន្លេ ....

ទន្លេ ....

신문 [까싸엣] កាសែត

កាសែត = ក ោ ែ ស ត ....

កាសែត ....

កាសែត ....

생활, 생존, 삶 [찌윗럿너으] ជីវិតរស់នៅ

ជីវិតរស់នៅ = ជ ី វ ិ ត រ ស ់ ន ៅ

ជីវិតរស់នៅ ....

ជីវិតរស់នៅ ....

98

7. 낱말

(캄보디아의 시인) 쭌낫 [까위이쭌낫]   កវីជូនណាត

កវីជូនណាត = ក វ ីុ ជ ូ ន ណ ា ត ....

កវីជូនណាត ....

កវីជូនណាត ....

식탁보, 식단   [끔랄또]   កំរាលតុ

កំរាលតុ = ក ំ រ ា ល ត ុ ....

កំរាលតុ ....

កំរាលតុ ....

화요일   [틍아이엉끼어]   ថ្ងៃអង្គារ៍

ថ្ងៃអង្គារ៍ = ៃថ ្ង អ ង ្គ ា រ ៍ ....

ថ្ងៃអង្គារ៍ ....

ថ្ងៃអង្គារ៍ ....

99

저녁식사 [냠아하뻴릉이엇] ញាំអាហារពេលល្ងាច

ញាំអាហារពេលល្ងាច = ញ ាំ ុ អ ា ហ ា រ
ពេ ព ល ល ្ង ា ច

ញាំអាហារពេលល្ងាច..
ញាំអាហារពេលល្ងាច..

방 [번톱] បន្ទប់

បន្ទប់ = ប ន ្ទ ប ់ ....
បន្ទប់..
បន្ទប់..

시작하다 [짭쁘다엄] ចាប់ផ្ដើម

ចាប់ផ្ដើម = ច ា ប ់ ផ ្ដ ើ ម..
ចាប់ផ្ដើម..
ចាប់ផ្ដើម..

7. 낱 말

| 치료, 회복 | [쁘쩨이발] | ព្យាបាល |

ព្យាបាល = ព ្យ ា ប ា ល ....
ព្យាបាល ....
ព្យាបាល ....

| 수영하다, 헤엄치다 | [하얼뜩] | ហែរទឹក |

ហែរទឹក = ហែ រ ទ ឹ ក ....
ហែរទឹក ....
ហែរទឹក ....

| 아침식사 | [냠아하뻴쁘럭] | ញាំុអាហារពេលព្រឹក |

ញាំុអាហារពេលព្រឹក = ញ ាំ ុ អ ា ហ ា រ
                      ពេ ល ព្រ ឹ ក
ញាំុអាហារពេលព្រឹក ....
ញាំុអាហារពេលព្រឹក ....

소리, 음   [썸레잉]   សំលេង

សំលេង = ស ំ េ ល ង ....

សម្លេង ....

សម្លេង ....

의자   [까으아이]   កៅអី

កៅអី = ក េៅ អ ី ....

កៅអី ....

កៅអី ....

층   [쩌언]   ជាន់

ជាន់ = ជ ា ន ់ ....

ជាន់ ....

ជាន់ ....

7. 낱 말

의사   [끄루뻿]   គ្រូពេទ្យ

គ្រូពេទ្យ = គ្រ ូ គ ួ េគ ព ទ ្យ ....

គ្រូពេទ្យ..

គ្រូពេទ្យ..

이상한   [쩜렉]   ចំឡែក

ចំឡែក = ច ំ ែ ឡ ក ....

ចំឡែក..

ចំឡែក..

오후, 해가 진   [뻴릉이웃]   ពេលល្ងាច

ពេលល្ងាច = េព ល ល ្ង ា ច ....

ពេលល្ងាច..

ពេលល្ងាច..

103

안경　　　　　　　[와엔따]　　　　វែនតា

វែនតា = វែ វ ន ត ា ....

វែនតា..

វែនតា..

빨간색의　　　　　[뽀아그러험]　　　ពណ៌ក្រហម

ពណ៌ក្រហម = ព ណ៌ ក្រ ហ ម ....

ពណ៌ក្រហម ....

ពណ៌ក្រហម ....

칼, 나이프　　　　　　[깜뱃]　　　　កាំបិត

កាំបិត = ក ាំ ប ិ ត ....

កាំបិត...

កាំបិត...

104

7. 낱말

성냥   [처으꼿]   ឈើគូស

ឈើគូស = ឈ ើ គ ូ ស ....

ឈើគូស..

ឈើគូស..

도서관   [번날라이]   បណ្ណាល័យ

បណ្ណាល័យ = ប ណ ្ណ ា ល ័ យ ....

បណ្ណាល័យ..

បណ្ណាល័យ..

죽이다   [썸랍]   សម្លាប់

សម្លាប់ = ស ម ្ល ា ប ់ ....

សម្លាប់..

សម្លាប់..

105

도움 [쫌누이] ជំនួយ

ជំនួយ = ជ ំ ន ួ យ ....

ជំនួយ ....

ជំនួយ ....

짧은 [클라이] ខ្លី

ខ្លី = ខ ្ល ី ....

ខ្លី ....

ខ្លី ....

산 [프놈] ភ្នំ

ភ្នំ = ភ ្ន ំ ....

ភ្នំ ....

ភ្នំ ....

7. 낱말

석고, 분필   [껌빠우]   កំបោរ

កំបោរ = ក ំ ប េោ រ ....

កំបោរ ....

កំបោរ ....

비싼   [틀라이]   ថ្លៃ

ថ្លៃ = ែ ថ ្ល ....

ថ្លៃ ....

ថ្លៃ ....

따뜻한, 더운   [꺽끄따으]   កក់ក្តៅ

កក់ក្តៅ = ក ក ់ ក ្ត េៅ ....

កក់ក្តៅ ....

កក់ក្តៅ ....

| 꽃 | [프까] | ផ្កា |

ផ្កា = ផ ្ក ា ....

ផ្កា..

ផ្កា..

| 귀 | [뜨러제잇] | ត្រចៀក |

ត្រចៀក = ត្រ ត ច ៀ ក ....

ត្រចៀក..

ត្រចៀក..

| 식물 | [로까제잇] | រុក្ខជាតិ |

រុក្ខជាតិ = រ ុ ក ្ខ ជ ា ត ិ ....

រុក្ខជាតិ..

រុក្ខជាតិ..

7. 낱말

마른 [승우엇] ស្ងួត

ស្ងួត = ស O O ត ....

ស្ងួត ....

ស្ងួត ....

옷, 의류 [커오아으] ខោអាវ

ខោអាវ = ខ ោ អ ០ា វ ....

ខោអាវ ....

ខោអាវ ....

남다, 머물다 [너으썰] នៅសល់

នៅសល់ = ន ៅ ស ល ់ ....

នៅសល់ ....

នៅសល់ ....

예   [바 / 자]   បាទ / ចាំស

បាទ / ចាំស = ប ា ទ / ច ាំ ស ....

បាទ / ចាំស ....

បាទ / ចាំស ....

학교   [쌀라리은]   សាលារៀន

សាលារៀន = ស ា ល ា រ ៀ ន ....

សាលារៀន ....

សាលារៀន ....

노인의   [머누짜h]   មនុស្សចាស់

មនុស្សចាស់ = ម ន ុ ស ្ស ច ា ស ់

មនុស្សចាស់ ....

មនុស្សចាស់ ....

7. 낱말

| 어려운 | [삐박] | ពិបាក |

ពិបាក = ព ិ ប ា ក ....
ពិបាក ....
ពិបាក ....

| 유용한 | [미은땀라이] | មានតម្លៃ |

មានតម្លៃ = ម ា ន ត ៃ ម ្ល ....
មានតម្លៃ ....
មានតម្លៃ ....

| 비교, 대조 | [쁘레입트엡] | ប្រៀបធៀប |

ប្រៀបធៀប = ប្រ ប ៀ ប ធ ៀ ប ....
ប្រៀបធៀប ....
ប្រៀបធៀប ....

111

국가, 나라　　　　[보러떼h]　　　ប្រទេស

ប្រទេស = ប្រ ប ទេ ទ ស ....

ប្រទេស ....

ប្រទេស ....

개미　　　　[쌋쓰러마으]　　　សត្វស្រមោច

សត្វស្រមោច = ស ត្ វ ស្រ ស ម មោ ច ....

សត្វស្រមោច ....

សត្វស្រមោច ....

중요한　　　　[썸칸]　　　សំខាន់

សំខាន់ = ស ំ ខ ា ន ់ ....

សំខាន់ ....

សំខាន់ ....

7. 낱 말

광장　　　　　　[띠롱워웅물]　　　　ទីរង្វង់មូល

ទីរង្វង់មូល = ទ ី រ ង ្វ ង ់ ម ូ ល

ទីរង្វង់មូល..

ទីរង្វង់មូល..

약혼자, 후보자　　　[꾸던덩]　　　　គូដណ្ដឹង

គូដណ្ដឹង = គ ូ ដ ណ ្ដ ឹ ង ....

គូដណ្ដឹង..

គូដណ្ដឹង..

사다리　　　　　　[쩐따으뻐엇]　　　ជណ្ដើរបត់

ជណ្ដើរបត់ = ជ ណ ្ដ ើ រ ប ត ់ ....

ជណ្ដើរបត់..

ជណ្ដើរបត់..

| 석유 | [쁘렝차] | ប្រេងឆា |

ប្រេងឆា = េ ប្រ ង ឆ ា ....

ប្រេងឆា..

ប្រេងឆា..

| 소금 | [엄뻴] | អំបិល |

អំបិល = អ ំ ប ិ ល ....

អំបិល..

អំបិល..

| 쓰다, 적다 | [써쎄이] | សរសេរ |

សរសេរ = ស រ េ ស រ ....

សរសេរ..

សរសេរ..

7. 낱 말

반, 1/2 [껀라] កន្លះ

កន្លះ = ក ន ្ល ៈ ....

កន្លះ..

កន្លះ..

운동, 체육 [룸핫쁘란] លំហាត់ប្រាណ

លំហាត់ប្រាណ = ល ំ ហ ា ត់ ប្រ

 ា ណ ....

លំហាត់ប្រាណ...

លំហាត់ប្រាណ...

때, 시간, 기회 [뻴왜레이] ពេលវេលា

ពេលវេលា = ពេ ល វេ ល ា ....

ពេលវេលា..

ពេលវេលា..

115

| 매일 [로알틍아이] | រាល់ថ្ងៃ |

រាល់ថ្ងៃ = រ៱ា ល់ ៏ែ ថ ្ង ....

រាល់ថ្ងៃ ....

រាល់ថ្ងៃ ....

| 주일 [틍아이쌉빠다] | ថ្ងៃសប្ដាហ៍ |

ថ្ងៃសប្ដាហ៍ = ៏ែ ថ ្ង ស ប ៱ា ្ដ ហ ៌៎ ....

ថ្ងៃសប្ដាហ៍ ....

ថ្ងៃសប្ដាហ៍ ....

| 배우자, 동등한 사람 [쁘다이르쁘러쁜] | ប្ដី វី ប្រពន្ធ |

ប្ដី វី ប្រពន្ធ = ប ្ដ ី៎ វ ី៎ ្រប ព ន ្ធ ....

ប្ដី វី ប្រពន្ធ ....

ប្ដី វី ប្រពន្ធ ....

7. 낱 말

동급생, 학급친구 [멋루엄트나h리은]   មិត្តរួមថ្នាក់រៀន

មិត្តរួមថ្នាក់រៀន = ម ិ ត ្ត រ ួ ម ថ ្ន
          ា ក ់ រ ៀ ន ....

មិត្តរួមថ្នាក់រៀន..

មិត្តរួមថ្នាក់រៀន..

아직   [믄또안]   មិនទាន់

មិនទាន់ = ម ិ ន ទ ា ន ់ ....

មិនទាន់ ....

មិនទាន់ ....

기억, 추억   [까쩡쪼압]   ការចងចាំ

ការចងចាំ = ក ា រ ច ង ់ ច ាំ ....

ការចងចាំ ....

ការចងចាំ ....

117

시골, 피서지 [쭌뻿] ជនបទ

ជនបទ = ជ ន ប ទ ....

ជនបទ ....

ជនបទ ....

8 문장 ប្រយោគ

1. 찬티는 딸(아들)입니다.

១. ចាន់ធីគឺជាកូនស្រី (កូនប្រុស) ។

2. 이것은 집입니다.

២. នេះគឺជាផ្ទះ ។

3. 다린은 책 한권을 가지고 있습니까?

៣. តើដារិន មានយកសៀវភៅមួយក្បាលមកទេ?

4. 그(그녀)는 어디있습니까?

៤. តើគាត់នៅឯណា?

5. 누가 책을 읽고 있습니까?

៥. តើនរណាកំពុងអានសៀវភៅ?

6. 그(그녀)는 연필을 가지고 있지 않습니까?

៦. តើគាត់មិនបានយកខ្មៅដៃមកទេ?

7. 그(그녀)는 학교에 늦게 왔습니다.

៧. គាត់បានមកសាលារៀនយឺត ។

8. 나의 여동생인 티니는 10살입니다.

៨. ធានីប្អូនស្រីរបស់ខ្ញុំ អាយុ១០ឆ្នាំ ។

9. 나는 서울에 살고 있습니다.

៩. ខ្ញុំកំពុងរស់នៅ ទីក្រុងសេអ៊ូល ។

121

10. 내 친구의 이름은 친다입니다.

๑໐. ឈ្មោះរបស់មិត្តភក្រ្ដិខ្ញុំ គឺ ចិន្ដា។

11. 우리집에는 방이 3개 있습니다.

๑๑. ផ្ទះរបស់ខ្ញុំ មានបន្ទប់៣ ។

12. 그(그녀)는 자주 자신의 학급친구와 학교에 갑니다.

๑๒. ជាញឹកញាប់ គាត់ទៅសាលារៀនជាមួយមិត្តរួមថ្នាក់រៀនរបស់គាត់

13. 찬티의 가족은 오늘 이사합니다.

១៣. ថ្ងៃនេះ គ្រួសាររបស់ចាន់ធី រើសផ្ទះ ។

14. 나는 내 자신을 거울에 비쳐보았습니다.

១៤. ខ្ញុំសំឡឹងមើលរូបខ្លួនឯង ក្នុងកញ្ចក់ ។

15. 게으른 대학생은 시험에 떨어졌습니다.

១៥. និស្សិតដែលខ្ជិលបានប្រលងធ្លាក់ ។

9 숫자 활용

ភាសា កូរ៉េ 한국어	ភាសា ខ្មែរ 크메르어	បញ្ចេញសម្លេង ជាភាសាខ្មែរ 크메르어 발음	따라쓰기
영, 공 (0)	សូន្យ ០	수운	
일 (1)	មួយ ១	무어이 (모이)	
이 (2)	ពីរ ២	삐	
삼 (3)	បី ៣	바이	
사 (4)	បួន ៤	부운	
오 (5)	ប្រាំ ៥	쁘람	
육 (6)	ប្រាំមួយ ៦	쁘람무어이	
칠 (7)	ប្រាំពីរ ៧	쁘람삐	
팔 (8)	ប្រាំបី ៨	쁘람바이	

구 (9)	ប្រាំបួន ៩	쁘람부운	
십 (10)	ដប់ ១០	덥	
십일 (11)	ដប់មួយ ១១	덥무어이	
십이 (12)	ដប់ពីរ ១២	덥삐	
십삼 (13)	ដប់បី ១៣	덥바이	
이십 (20)	ម្ភៃ ២០	머파이	
이십일 (21)	ម្ភៃមួយ ២១	머파이 무어이	
이십이 (22)	ម្ភៃពីរ ២២	머파이 삐	
이십삼 (23)	ម្ភៃបី ២៣	머파이 바이	
백 (100)	មួយរយ ១០០	무어이 로이	
백일 (101)	មួយរយមួយ ១០១	무어이 로이 무어이	
이백 (200)	ពីររយ ២០០	삐로이	
천 (1,000)	មួយពាន់ ១០០០	무어이 뽀안	
만 (10,000)	មួយម៉ឺន ១០០០០	무어이 먼	
백만(1,000,000)	មួយលាន ១០០០០០០	무어이 리언	

ភាសា កូរ៉េ 한국어	ភាសា ខ្មែរ 크메르어	បញ្ចេញសម្លេង ជាភាសាខ្មែរ 크메르어 발음	따라쓰기
일일	មួយថ្ងៃ	[무어이 틍아이]	
일년	មួយឆ្នាំ	[무어이 츠남]	
일분	មួយនាក់	[무어이 니엇]	
이일	ពីរថ្ងៃ	[삐 틍아이]	
이년	ពីរថ្ងៃ	[삐 츠남]	
이분	ពីរនាក់	[삐 니엇]	
삼일	បីថ្ងៃ	[바이 틍아이]	
삼년	បីឆ្នាំ	[바이 츠남]	
삼분	បីនាក់	[바이 니엇]	

9. 숫자 활용

• 일, 주, 월, 분, 초 등을 셀 때

ថ្ងៃ, សប្ដាហ៍, ខែ, នាទី, វិនាទី...

ភាសា កូរ៉េ 한국어	ភាសា ខ្មែរ 크메르어	បញ្ចេញសម្លេង ជាភាសាខ្មែរ 크메르어 발음	따라쓰기
하나	ទីមួយ	띠 무어이	
둘	ទីពីរ	띠 삐	
셋	ទីបី	띠 바이	
넷	ទីបួន	띠 부운	
다섯	ទីប្រាំ	띠 쁘람	
여섯	ទីប្រាំមួយ	띠 쁘람무어이	
일곱	ទីប្រាំពីរ	띠 쁘람삐	
여덟	ទីប្រាំបី	띠 쁘람바이	
아홉	ទីប្រាំបួន	띠 쁘람부운	

127

열	ទីដប់	띠 덥	
열 하나	ទីដប់មួយ	띠 덥무어이	
열 둘	ទីដប់ពីរ	띠 덥삐	
스물	ទីម្ភៃ	띠 머파이	
서른	ទីសាមសិប	띠 쌈썹	
마흔	ទីសែនសិប	띠 싸에썹	
쉰	ទីហាសិប	띠 하썹	
예순	ទីហុកសិប	띠 혹썹	
일흔	ទីចិតសិប	띠 빠에썹	
여든	ទីប៉ែតសិប	띠 빠에썹	
아흔	ទីកៅសិប	띠 까으썹	

• 캄보디아어 십 단위부터 숫자를 읽을 때

10 : 십- 열 　　　　　　　- ដប់ [덥]- ទីដប់ [띠 덥]

11 : 십일- 열 하나 　　　　- ដប់មួយ[덥무어이]- ទីដប់មួយ[띠 덥무어이]

12 : 십이- 열 둘 　　　　　- ដប់ពីរ[덥삐]- ទីដប់ពីរ[띠 덥삐]

19 : 십구- 열 아홉 　　　　- ដប់ប្រាំបួន[덥쁘람부운]- ទីដប់ប្រាំបួន[띠 덥쁘람부운]

20 : 이십- 스물 　　　　　- ម្ភៃ[머파이]- ទីម្ភៃ[띠 머파이]

21 : 이십일- 스물 하나 　　- ម្ភៃមួយ[머파이무어이]- ទីម្ភៃមួយ[띠 머파이무어이]

22 : 이십이- 스물 둘 　　　-ម្ភៃពីរ[머파이삐]- ទីម្ភៃពីរ[띠 머파이삐]

29 : 이십구- 스물 아홉 　　- ម្ភៃប្រាំបួន[머파이쁘람부운]

　　　　　　　　　　　　 - ទីម្ភៃប្រាំបួន[띠 머파이쁘람부운]

부 록

◆ 캄보디아(크메르)어 기호 및 부호

១. រប៉ាទ[로밧]
　표시된 모음이 '오아' 소리를 낸다

ឱ៊ ឱ៊

២. អស្តា[아쓰다]
　표시된 자음을 강하게 읽는다

ឱ៉ ឱ៉

៣. ទណ្ឌឃាត [또안나키읏]
　표시된 자음을 발음하지 않는다

ឱ៌ ឱ៌

៤. សំយោគសញ្ញា[썸욕썬냐]
　표시된 모음이 '아이', '우어', '압',
　'앗', '안' 등으로 발음된다

ឱ៉ ឱ៉

៥. ត្រីស័ព្ទ[뜨라이쌉]
　저음을 고음으로 변환시킨다

ឱ៎ ឱ៎

부록

៦. មូសិកទន្ត [모쎄끄또안]
고음을 저음으로 변환시킨다

| ö ö |

៧. ខណ្ឌ [칸]
마침표

| ។ ។ |

៨. លេខទោ [레잇또우]
두 번 반복해서 읽는다

| ៗ ៗ |

៩. ភ្នែកមាន់ [프넥모안]
모음을 강하게 끊어 준다

| ៈ ៈ |

១0. កាកបាទ [깍밧]
모음은 '아(ㅏ)' 음을 낸다

| ö̇ ö̇ |

១១. គាប [로밧]
압축

| {…} |

១២. វង់ក្រចក [웽끄러쩍]
삽입구

| (…) (…) |

131

១៣. លាក់ [로앗]
등등

១៤. បន្លុក់ [번떠]
표시된 자음 앞부분 모음을 짧게 끊어
읽거나 '오아' 또는 '우어'로 읽는다.

◆ 캄보디아관련 추천사이트

• 캄보디아 언어문화 연구소
  http://www.camkor.org/
  http://cafe.naver.com/cambodialab/

• 캄보디아배낭여행기
  http://cafe.naver.com/jiniteacher/

• 캄보디아한국어가이드
  http://www.facebook.com/groups/cambodiakoreanguide/